Golwg ar

Glenys Hughes

PRIFYSGOL
ABERYSTWYTH

Cyhoeddwyd gan y Ganolfan Astudiaethau Addysg, Aberystwyth
(www.caa.aber.ac.uk)

Noddwyd gan Lywodraeth Cynulliad Cymru.

ISBN: 978 1 84521 261 2

Awdur: Glenys Hughes
Golygwyd gan Delyth Ifan
Dyluniwyd gan Richard Huw Pritchard
Argraffwyd gan Y Lolfa

Cydnabyddiaethau
Diolch i: Cath Holgate, Shoned Wyn Jones, Delyth Rees ac
Angharad Thomas am eu harweiniad gwerthfawr.

Diolch hefyd i athrawon Adrannau'r Gymraeg yn yr ysgolion canlynol am dreialu'r
deunydd ac am eu sylwadau adeiladol: Ysgol Basaleg, Ysgol Uwchradd Caergybi,
Ysgol Penfro, Ysgol Uwchradd Penglais, Aberystwyth.

Diolch arbennig i'r canlynol am ganiatâd i ddyfynnu o'r storïau byrion:

Gwasg Gomer	('Yr Ymwelydd' ac 'Angladd yn y Wlad' o *O'r Cyrion* gan Ioan Kidd, 2006; 'Chwarae Gwneud Tŷ' a 'Tyfu' o *Tyfu* gan Jane Edwards, 1973)
Y Lolfa Cyf.	('Pwy Fyth a Fyddai'n Fetel?', 'Pe Bai'r Wyddfa i Gyd yn Gaws', 'Derfydd Aur', 'Y Chwilen' ac 'Mi Godaf, Mi Gerddaf' o *Saith Pechod Marwol* gan Mihangel Morgan, 1993)
Gwasg Gee (Cyhoeddwyr) Cyf.	('Y Taliad Olaf', 'Y Daith', 'Plant' a 'Ffair Gaeaf' o *Ffair Gaeaf* gan Kate Roberts, 1937)

CYNNWYS

RHAGAIR

Yn y llyfr yma mae help ar gyfer astudio'r stori fer – help ar gyfer:

- 🟪 deall BETH mae awdur eisiau ei ddweud a PHAM

- 🟪 deall SUT mae awdur yn ysgrifennu

Hefyd mae:

- 🟪 cyfeiriadau at amrywiaeth o storïau byrion

- 🟪 dyfyniadau ohonyn nhw i arddangos nodweddion y stori fer

- 🟪 adran ar gyfer dadansoddi darnau o ryddiaith

- 🟪 cyfle i ti wneud ymarferion dy hun i gadarnhau dy ddealltwriaeth o'r wybodaeth

- 🟪 canllawiau ar gyfer gwaith ysgrifennu.

Defnyddir y drefn

GWYBODAETH

TYSTIOLAETH

YMARFER

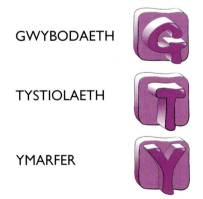

i dy arwain trwy'r adrannau.

Pob hwyl i ti!

BETH?	PAM?	SUT?

BETH YDY STORI FER?
BETH MAE'R AWDUR
EISIAU EI DDWEUD A
PHAM?

SUT?
SUT MAE'R
AWDUR YN
YSGRIFENNU?

Mae **BETH** a **SUT** yn gweithio gyda'i gilydd.

Mae **SUT** mae'r awdur yn dweud rhywbeth yn helpu i gyfleu **BETH** mae e neu hi eisiau ei ddweud.

GEIRIAU PWYSIG
Dysga nhw cyn mynd ymlaen!

Bydd hyn yn gwella dy brofiad o:

- ddarllen y llyfr

- siarad a thrafod y stori fer

- ysgrifennu am y stori fer

agoriad	*opening/beginning*
amrywiaeth	*variety*
angen	*need*
anghyfiawnder	*injustice*
ansicrwydd	*uncertainty*
ansoddair	*adjective*
ar wahân	*separately/apart*
berf	*verb*
canllawiau	*guidelines*
canolbwyntio	*to concentrate*
creu ymateb	*to create a reaction*
cryfder/au	*strength/s*
cryfhau	*to strengthen*
cryno	*concise*
cyfarch	*to greet*
cymal	*clause*
cymhlethdod	*complexity*
cynildeb	*economy/frugality*
cynnwys	*content*
dadansoddi	*to analyse*
darganfod	*to discover*
dealltwriaeth	*understanding*
diffuant	*sincere*
diweddglo	*ending*
dwyshau	*to deepen (meaning)*
enw	*noun*
ffurf lenyddol	*literary form*
geiriau allweddol	*key words*
gosodiad/au	*statement/s*

gwendid/au	*weakness/es*
llunio barn	*to form an opinion*
methu	*to fail*
mynegi	*to express*
natur ddynol	*human nature*
nodwedd/ion	*characteristic/s*
perthynas	*relationship*
procio meddwl y darllenydd	*stimulating the reader's mind*
pryder	*concern*
rhannu	*to share*
rhyddiaith	*prose*
sefyllfa	*situation*
stori fer, storïau byrion	*short story/stories*
sylw/adau	*observation/s*
tebygrwydd	*similarity*
unigryw	*unique*
ymddwyn	*to behave*
ymdrin â	*to deal with*
ymestyn	*to extend*

BETH?

Beth ydy stori fer?

Ffurf lenyddol gryno sy'n fyrrach na'r nofel ac yn gallu sefyll ar ei thraed ei hun.

Mewn stori fer mae'r awdur yn:

- ysgrifennu am rywun neu rywrai
- canolbwyntio ar un cymeriad neu sefyllfa neu ddigwyddiad
- rhoi golwg unigryw, diffuant a phersonol ar fywyd a'r natur ddynol
- gallu ymdrin ag unrhyw bwnc
- creu ymateb yn y darllenydd

Dyma sut mae Kate Roberts yn disgrifio'r stori fer:

> "un profiad neu fflach o oleuni ar un peth."

Darllena'r stori **Angladd yn y Wlad** o'r gyfrol *O'r Cyrion* gan Ioan Kidd ac ateba'r cwestiynau canlynol:

1. Am bwy mae'r awdur yn ysgrifennu?
2. Ydy'r awdur yn canolbwyntio ar un cymeriad yn arbennig? Sut mae e'n gwneud hyn?
3. Ar ôl darllen y stori wyt ti'n teimlo dy fod yn gwybod mwy am fywyd a sefyllfa rhai pobl a'r ffordd mae pobl yn ymddwyn?
4. Ydy'r stori wedi ymestyn dy wybodaeth am broblemau De Affrica?
5. Ar ddiwedd y stori, sut wyt ti'n teimlo?

Mae awdur stori fer yn aml yn teimlo'r ANGEN i ysgrifennu er mwyn:

- mynegi teimlad cryf am rywbeth neu rywun
- ymateb i'r profiad o ddarllen neu glywed am rywbeth neu rywun
- ymateb i weld rhywbeth neu rywun
- disgrifio pobl a'u gwendidau a'u cryfderau
- rhannu'r profiad gyda'r darllenydd

Wrth geisio egluro pam y dechreuodd hi ysgrifennu dyma mae Kate Roberts yn ei ddweud:

> "Marw fy mrawd ieuengaf yn rhyfel 1914-18, methu deall pethau a gorfod sgrifennu rhag mygu."

mygu	suffocate

Tria orffen y gosodiadau canlynol am awdur y stori **Angladd yn y Wlad**.

1. Mae'r awdur yn teimlo'n gryf am ...
2. Efallai ei fod e wedi darllen ... neu glywed ...
3. Efallai ei fod e wedi gweld ...
4. Mae'r awdur yn rhoi darlun real iawn i ni o'r bobl yma yn ...
5. Mae'r awdur yn ... ei fod e'n gallu rhannu'r profiad yma gyda'r darllenydd.

Darllena gerdd Gwyn Thomas **Ac oblegid eich plant** ar dudalen 21 yn *Golwg ar farddoniaeth*. Byddi'n gweld bod llawer o debygrwydd rhwng thema a disgrifiadau'r gerdd hon a'r stori **Angladd yn y Wlad**.

Darllena'r dyfyniad nesaf o'r stori a cheisia ddarganfod disgrifiad tebyg yn y gerdd.

"Ac yna fe ddechreuodd, heb reswm, heb rybudd. Daeth y saethu, y gweiddi, y sgrechian, y cyfarth. Daeth milwyr, a daeth plismyn a'u cŵn."

(tud. 63)

saethu	to shoot
sgrechian	to scream
cyfarth	to bark

Edrycha am fwy o enghreifftiau!

Darllena'r stori **Gwyliau** o *Tyfu* gan Jane Edwards.

1. Pam wyt ti'n meddwl bod yr awdur wedi dewis ysgrifennu'r stori yma?

   ● i ddisgrifio profiadau personol? Pa rai?

   ● i fynegi ofnau ac ansicrwydd plentyn? Beth yn union?

   ● i ddangos cymhlethdod perthynas pobl â'i gilydd? Sut wyt ti'n gwybod?

- i gymharu gwahanol gymeriadau? Pa gymeriadau? Beth sy'n debyg neu'n wahanol am y cymeriadau?

- i brocio dychymyg a chof y darllenydd a chreu ymateb? Sut? Pam? Sut wyt ti'n ymateb?

COFIA gyfeirio at y stori wrth ymateb ac efallai bydd dy syniadau yn dy atgoffa o storïau eraill.

2. Darllena'r stori **Pwy Fyth a Fyddai'n Fetel?** o *Saith Pechod Marwol* gan Mihangel Morgan. Ydy'r awdur eisiau dweud rhywbeth? Dewisa'r geiriau perthnasol o'r rhestr:

hunanoldeb	*selfishness*
trachwant	*greed*
materoliaeth	*materialism*
godineb	*adultery*
twyll	*deceit*
datblygiadau technolegol	*technological developments*
cymdeithas y dyfodol	*society in the future*
crefydd	*religion*

SUT?

NODWEDDION Y STORI FER

AGORIAD		CYNILDEB

PORTREADU CYMERIADAU

DIWEDDGLO STORI

DISGRIFIO A CHREU AWYRGYLCH

AGORIAD STORI FER

► Mae'r agoriad yn denu sylw'r darllenydd yn y frawddeg gyntaf

► Mae'r agoriad yn tynnu'r darllenydd i mewn i'r stori yn syth

Dyma frawddeg agoriadol stori o'r enw **Hapusrwydd** gan Non Davies; darllena'r frawddeg yn ofalus.

"Dere nawr 'te cariad. Beth sy'n dy boeni di?"

Ydy'r awdur yn tynnu'r darllenydd yn syth i mewn i'r stori? Sut?

Wyt ti'n gofyn cwestiynau? Pa gwestiynau?

e.e.

Gyda phwy mae'r cymeriad yn siarad?

Pam mae'r frawddeg yn awgrymu rhywbeth gwahanol i hapusrwydd?

Beth mae'r gair 'cariad' yn awgrymu am y ddau gymeriad?

Y gair cyntaf ydy "Dere" ("Tyrd" yn y gogledd); oes cliw yma am leoliad y stori?

Mae'r cymeriad yma'n cyfarch y person arall gyda"ti". Beth mae hyn yn awgrymu?

Ydyn nhw'n agos?

Ydyn nhw'n gariadon?

Ydy'r person arall yn blentyn bach?

UN LLINELL AGORIADOL OND LLAWER O GLIWIAU I TI !

Dyma frawddeg agoriadol y stori **Pwy Fyth a Fyddai'n Fetel?** gan Mihangel Morgan:

"Awr ar ôl i Jac fynd i'w waith daeth *Keflusker X* i ddihuno Non â chwpaned o goffi."

(tud. 10)

9

Gwna restr o'r ffeithiau rwyt ti'n eu casglu yn y frawddeg am:

Jac

Non

Keflusker X

Gwna restr o'r cwestiynau sy'n dod i dy feddwl.

Darllena'r dyfyniad nesa, sef agoriad stori fer gan Kate Roberts,
Y Daith:

> "Dyma'r sŵn o'r diwedd, y sŵn y buasai ar ei fam ei ofn ers
> wythnosau, sŵn cras y frêc wedi stopio wrth y llidiart, fel petai'r
> llidiart ei hun yn gwichian ar ei hechel."

brêc	*brake (vehicle)*
llidiart	*gate*
gwichian ar ei hechel	*squeaking on its axle*

Pwy ydy'r cymeriad? Mam pwy tybed? Wyt ti'n gofyn y cwestiynau yna?

Beth wyt ti'n gasglu am deimladau'r fam? Pa eiriau sy'n dy helpu i lunio
barn?

Ydy'r awdur yn ailadrodd gair arbennig? Oes gen ti syniad pam?
Ydy'r dechneg yn effeithiol?

Mae'r awdur yn defnyddio'r ansoddair 'cras' a'r ferf 'gwichian'. Maen nhw'n bwysig iawn yn y frawddeg; wyt ti'n gallu egluro pam?

Ydy'r stori yn mynd i fod yn drist neu'n hapus? Beth wyt ti'n feddwl?

Edrycha ar agoriad y storïau eraill rwyt ti wedi eu darllen.

Gwna sylwadau.

CYNILDEB

AWGRYMU NID DWEUD!

PROCIO MEDDWL Y DARLLENYDD!

Dydy awdur stori fer byth yn dweud gormod!

Darllena'r darn yma o **Pe Bai'r Wyddfa i Gyd yn Gaws** gan Mihangel Morgan:

> "Gwthiodd Robyn yr *éclair* anferth i ogof ei geg yn gyfan. Glynodd peth o'r hufen yng nghorneli'i fwstas llaes a disgynnodd briwsion siocled i lawr ei ên a thros ei fynydd o fola."
>
> (tud.76)

1 Gwna restr o'r geiriau sy'n dweud rhywbeth wrthyt ti am Robyn!

Darllena'r darn nesa allan o'r stori **Chwarae Gwneud Tŷ** o'r gyfrol *Tyfu* gan Jane Edwards lle mae Nans yn trafod ei rhieni a'i chwaer, Gwen:

"Pan fyddan nhw'n siarad amdana i mae nghlustia i'n codi fel rhai sgwarnog. *Hi* ydi'u hoff enw nhw arna i.

'Cofia di mae hi'n darllen lot,' medda dad.

'Ac yn holi, does na ddim taw arni hi.'

Pan fyddan nhw'n trafod Gwen mae'u lleisia nhw'n newid – yn mynd yn fwy crwn."

(tud. 20)

sgwarnog	*hare*
crwn	*rounded*

2 Sut berson ydy Nans? Sut wyt ti'n gwybod? Ydy'r rhieni yn deall un chwaer yn well na'r llall? Pa un? Pam wyt ti'n dweud hyn?

12

Darllena'r darn yma o **Angladd yn y Wlad** gan Ioan Kidd:

"Gwelais fy ffrind yn gwarchod yr arch. Safai'n unig, yn ddifynegiant, fel ynys ynghanol môr o donnau du, yn ymgorfforiad o gyflwr De Affrica. Ac am eiliad gallwn weld y ferch feichiog a adwaenwn bymtheng mlynedd ynghynt. Ni ddywedais ddim am fod gormod i'w ddweud. Roedd gormod i'w deimlo. Gafaelodd yn fy mraich a diflannodd fy nghywilydd."

(tud. 63)

gwarchod	*to guard*
difynegiant	*expressionless*
ymgorfforiad	*embodiment*
cyflwr	*state/condition*
beichiog	*pregnant*
adwaen	*to know*
cywilydd	*shame*

3 Pa ferf sy'n disgrifio'r ffordd mae Martha'n teimlo tuag at ei mab sy wedi marw? Ydy'r ferf yn effeithiol? Pam wyt ti'n dweud hyn?

Pa ansoddeiriau sy'n disgrifio teimladau a sefyllfa Martha yn gryno? Beth maen nhw'n awgrymu am Martha? Sut mae'r prif gymeriad yn cyfleu:

- ei emosiwn ei hun
- cyfeillgarwch y ddwy ffrind
- y ddealltwriaeth sy rhyngddynt?

4 Darllena'r stoi fer **Yr Ymwelydd** o'r gyfrol *O'r Cyrion*. Pryd mae'r awdur yn cadarnahau'r ffaith mai mewn ysbyty y mae'r cymeriadau?
Ysgrifenna'r frawddeg!

Gwna restr o'r cliwiau rwyt ti wedi'u cael cyn hynny!

Edrycha am fwy o enghreifftiau o gynildeb yn y storïau rwyt ti wedi'u darllen.

PORTREADU CYMERIADAU

Canolbwyntir ar un cymeriad canolog ac ychydig o rai ymylol.

Mae awdur yn adnabod a deall ei gymeriadau.

Daw'r darllenydd i adnabod y cymeriadau trwy eu:

▶ geiriau	*words*
▶ ymddangosiad	*appearance*
▶ gweithredoedd	*actions*
▶ ymddygiad	*behaviour*
▶ y ffordd maen nhw'n ymateb i bobl a sefyllfaoedd	*the way they react to people and situations*

TIPYN O HWYL!

SUT MAE POBL YN YMATEB I'W GILYDD?

MAE'N DWEUD LLAWER AMDANYN NHW!

Meddylia am bobl:

awdurdodol	*authoritative*
caled	*hard*
caredig	*kind*
cenfigennus	*jealous*
cyfoethog	*rich*
diffuant	*sincere*
di-hid	*uncaring*
diog	*lazy*
distaw	*quiet*
hunanol	*selfish*
hyderus	*confident*
isel ei ysbryd/ei hysbryd	*depressed*
materol	*materialistic*
rhamantus	*romantic*
styfnig	*stubborn*
swil	*shy*
teimladwy	*sensitive*
tlawd	*poor*
truenus	*pitiful*
uchelgeisiol	*ambitious*

1 Dysga'r ansoddeiriau

2 Dychmyga fod rhywun yn dweud:

"Dw i'n mynd i deithio i Ewrop."

Pa un o'r gwahanol fathau o bobl fasai'n ymateb gyda'r geiriau:

"Sut wyt ti'n mynd i ddeall y bobl yn siarad?"

"Syniad gwych! Cofia yrru cerdyn!"

"Faswn i byth yn gallu mynd ar fy mhen fy hun!"

"Pam wyt ti eisau gwneud rhywbeth fel yna?"

"Rhaid i ti ddechrau adolygu dy Ffrangeg ar unwaith!"

Sut wyt ti'n meddwl y basai'r cymeriadau yma allan o *Saith Pechod Marwol* ac *O'r Cyrion* yn ymateb? Llunia frawddeg i bob un:

Non

Mari

Robyn

Wendy

Elgan Thomas

Morlais Thomas

Mae sgwrs rhwng cymeriadau yn datgelu llawer amdanyn nhw; mae hyn yn bwysig yn y stori fer achos does dim lle i ddisgrifiadau helaeth.

datgelu	*to reveal*
helaeth	*extensive*

Darllena'r ddeialog allan o'r stori **Derfydd Aur** gan Mihangel Morgan:

"- Lois, rwyt ti wedi bod yn edrych ar yr hen wrach 'na ers deng munud heb ddweud gair wrtho i. Mae mwy o sgwrs i'w gael gyda'r fwydlen 'ma.

- Alla i ddim peidio â meddwl amdani, druan ohoni. A phaid â'i galw hi'n wrach. Fyddet ti ddim yn licio bod yn ei lle hi.

- O byddwn, meddai Megan, ond faswn i ddim yn treulio'r bore ar y grisiau oer 'na'n magu clwy'r marchogion nac yn twymo hen gawl tun ar bibau'r llyfrgell am fy nghinio yn y prynhawn chwaith."

(tud. 26)

1 Ar ôl darllen y ddeialog yn ofalus, beth wyt ti'n gasglu am Lois a Megan? Pam wyt ti'n dweud hynny?

Mae disgrifiad o beth mae'r cymeriadau yn wneud yn help i ddod i'w hadnabod.

Darllena'r darn nesa allan o **Y Chwilen** gan Mihangel Morgan:

"Yn ôl ei oriawr *Cartier* roedd hi'n hanner awr wedi chwech, amser i godi a pharatoi'i hunan ar gyfer diwrnod cystadleuol arall yn ei swyddfa lwyddiannus. Aeth i'w jacuzzi yn syth ar ôl cael cwpaned o goffi o'r peiriant-gwneud-coffi *Braun*, a'r coffi mor ddu â phlastig y peiriant."

(tud. 44)

oriawr	watch

1 Beth wyt ti'n gasglu am y cymeriad, Vic?

2 Newidia rai geiriau i greu disgrifiad o gymeriad hollol wahanol.

Ambell waith ceir disgrifiad cryno o gymeriad.

Darllena'r darn allan o'r stori **Roeddwn Ar Fy Mhen Fy Hun** gan Gwawr Maelor, lle mae Norma'n disgrifio ei mam:

"Hi a'i mascara'n ddu fel polish sgidia, a'i lipstic coch wedi'i blastro'n dew i ddangos siâp 'i cheg hi – roedd fel pen ôl iâr – a'r gwallt melyn cogio bach 'na yn ddigon i droi stumog rhywun. Y farnis ar ei winedd hi wedyn, yn las tywyll hyll, ac yn codi pwys arna i. Go damia hi. Ac ar ben y cwbwl, yn wên deg ac yn uwd o glwydda ... "

(tud. 8)

yn uwd o glwydda	*a prolific liar*

1. Ar ôl darllen y darn yn ofalus fwy nag unwaith, tria ysgrifennu agoriad dychmygol i'r stori o safbwynt Norma.

2. Darllena'r disgrifiadau o Robyn yn **Pe Bai'r Wyddfa i Gyd yn Gaws**. Dewisa un yn disgrifio ei ymddangosiad ac un arall yn ei ddisgrifio'n bwyta!

3. Gwna restr o eiriau yn disgrifio Robyn.

4. Sut mae'r disgrifiad ohono yn gwneud i ti deimlo? Pam? Ysgrifenna ddisgrifiad byr ohono o safbwynt Wendy.

■ Mae'r ffordd mae stori'n gorffen yn bwysig iawn.

■ Mae'n werth cofio geiriau John Gwilym Jones:

"Mae hanesyn yn gorffen efo fo ei hun, fel taflu carreg i fwd, ond mae stori fer fel taflu carreg i lyn a ffurfio cannoedd o gylchoedd."

Mae'r awdur yn gallu gorffen stori

yn swta

yn amwys

yn agored

mewn ffordd annisgwyl

swta	*abrupt*
amwys	*ambiguous*
annisgwyl	*unexpected*

Ar ddiwedd stori mae'r darllenydd yn:

holi	cwestiynu
meddwl	**ystyried**
teimlo rhyw emosiwn	**hel atgofion**

ystyried	*consider*
hel atgofion	*reminisce*

Yn ei stori olaf **Tyfu** yn y gyfrol *Tyfu* mae Jane Edwards yn cloi gyda geiriau Nans a'i mam, a'r ddwy yn siarad am y llythyren M ar gledr ei llaw:

> "'Pam ti'n crïo?' medda mam.
> 'Am na fedra i chwalu'r llinella ma oddi ar fy nwylo,' medda fi, a dal ati i rwbio a chrafu."
>
> (tud. 81)

chwalu	*to spread/get rid of*
crafu	*to scratch*

Darllena'r stori yna ac ar y diwedd fe fyddi'n siwr o:

- edrych ar gledrau dy ddwylo
- teimlo dros Nans y ferch fach
- gofyn cwestiynau
- meddwl am dy deimladau di dy hun

cledrau	*palms*

Mae'r darn nesaf yn dod o gyfieithiad o stori fer Guy de Maupassant **Y Diafol** ac yn trafod marwolaeth mam Twmi; bu'r hen Ddoli'n edrych ar ei hôl er mwyn i Twmi gario 'mlaen gyda'r gwaith ar y fferm. Roedd e'n talu iddi hi a dyma sut mae'r stori'n gorffen!

"Pan ddaeth Twmi i'r tŷ yn yr hwyr, cafodd hi yn gweddïo, a chyfrifodd ar unwaith ei bod wedi ennill deg ceiniog oddi arno, am mai tri diwrnod ac un noson yn unig a fu hi yno, a phedwar swllt a dwy geiniog a ddylasai ef dalu, yn lle'r pum swllt a oedd arno iddi."

(tud. 74)

1. Beth sy ar feddwl y mab? Faset ti'n disgwyl ymateb fel hyn?

Dyma ddiweddglo'r stori **Y Taliad Olaf** gan Kate Roberts sy'n rhoi golwg i ni ar ddynes yn talu ei dyledion yn y siop am y tro olaf; mae'r ddyled wedi bod ganddi ar hyd ei hoes dlawd a'r achlysur yma'n arbennig iawn iddi hi.

"Edrychodd drwy'r ffenestr lwyd, a gwelai'r siopwr eto â'i ben i lawr dros lyfr rhywun arall."

(tud. 50)

2. Wyt ti'n teimlo bod yr achlysur yna wedi bod mor bwysig i'r siopwr? Ceisia egluro dy farn.

| dyled | debt |
| achlysur | occasion |

Edrycha eto ar ddiweddglo'r straeon yn *Saith Pechod Marwol* a'r gyfrol *O'r Cyrion*.

3. Pa fath o gwestiynau wyt ti'n eu gofyn ar ôl darllen

> "Ar hynny, ffrwydrodd *Keflusker X*."
>
> (tud. 21)

yn **Pwy Fyth a Fyddai'n Fetel?**

Gwna restr.

4. Dyma ddiweddglo **Derfydd Aur**:

> "Cafodd Lois gipolwg ar gynnwys y bag. Roedd yn llawn o arian."
>
> (tud. 33)

Wyt ti'n cael sioc? Eglura sut wyt ti'n teimlo.

Wyt ti'n cydymdeimlo gyda rhywun? Gyda phwy a pham?

Wyt ti'n beio rhywun? Pwy a pham?

cydymdeimlo	*to sympathize*

5 Dyma feddyliau Robyn ar ddiwedd y stori **Pe Bai'r Wyddfa i Gyd yn Gaws**:

"Wrth iddo edrych ar gorff ei fam, yr unig beth a boenai Robyn oedd sut y byddai ei chnawd yn blasu heb ei goginio."

(tud. 85)

Disgrifia dy ymateb. Beth wyt ti'n feddwl? Wyt ti'n gofyn cwestiynau?

Trwy orddweud fel hyn ydy'r awdur yn pwysleisio rhywbeth am Robyn?

| gorddweud | *exaggerate* |

6 Ym mha ffordd mae diweddglo **Angladd yn y Wlad** yn annisgwyl?

"Ac yno y caiff ei gadw hyd nes i'm meibion ddod adre."

(tud. 65)

Ydy'r awdur yn dweud rhywbeth am y natur ddynol? Beth wyt ti'n feddwl?

Ydy'r awdur yn ceisio cyfiawnhau meddyliau'r fam? Beth wyt ti'n feddwl?

| cyfiawnhau | *to justify* |

24

DISGRIFIO A CHREU AWYRGYLCH

Mae disgrifiadau yn holl bwysig ond mae'n rhaid bod yn gynnil (tud. 11).

- Does dim amser i adeiladu darluniau o leoedd a sefyllfoedd yn raddol fel mewn nofel

- Does dim lle i fanylu gormod ar deimladau'r cymeriadau

- Mae'n rhaid cynhyrchu darlun manwl sydyn fel pe bai'n ganlyniad i glic camera

- Yn aml mae awyrgylch ac emosiwn yn treiddio o'r darlun

- Mae'r awdur yn gallu defnyddio geiriau a thechnegau llenyddol yn gelfydd

Dyma rai dyfyniadau o'r storïau rwyt ti'n eu hastudio:

a "Bu farw ar fympwy'r heliwr fel carw yn ceisio dianc rhag y dryll."

| ar fympwy | *at the whim of* |

b "Miloedd o gytiau diolwg yn ymestyn yn rhesi unffurf, digymeriad bant o olwg a chydwybod y ddinas wen."

c "Roedd wyneb y cyn-weithiwr dur yn gymysgedd o ddiffyg amynedd a phanig."

"Bob hyn a hyn byddai gwynt sur y stafelloedd ymolchi yn ymgymysgu â sawr cyfarwydd yr eli roedd yn rhaid i gleifion fel ei fam ei rwto ar hyd eu corff, ac ymhobman roedd ôl rhyw bryd bwyd torfol yn hofran yn ystyfnig yn yr awyr."

gwynt	*smell*
sawr	*odour*
cyfarwydd	*familiar*
eli	*ointment*
rwto	*to rub*
hofran	*to hover*
styfnig	*stubborn*

1. Darllena'r dyfyniadau yn ofalus ac ystyria'r gosodiadau a'r cwestiynau canlynol ar bob un ohonynt:

a Disgrifiad o farwolaeth diangen bachgen diniwed. Sut mae'r awdur yn llwyddo i gyfleu'r neges yma? Tria gyfeirio at eiriau neu dechnegau arbennig.

b Awgrym o anghyfiawnder apartheid. Pa eiriau sy'n cryfhau a dwyshau'r teimlad? Gwna restr.

c Darlun o bryder dyn mewn oed yn ymweld â'i wraig yn yr ysbyty a'r ddau erioed wedi bod ar wahân. Pa eiriau sy'n bwysig i gyfleu'r syniad yna?

ch Awyr lonydd farwaidd yr ysbyty. Gwna restr o'r geiriau allweddol.

2 Darllena'r dyfyniadau nesaf yn ofalus a cheisia ddisgrifio'r darlun sy gen ti yn dy feddwl. Yna gwna restr o'r geiriau sy'n dy helpu i liwio dy ddarlun.

Mi Godaf, Mi Gerddaf Mihangel Morgan:

"Pan gododd Wil am hanner awr wedi un ar ddeg o'r gloch yn y bore roedd yr haul yn olueni melyn y tu ôl i'r llenni llwyd. Teimlai Wil yn bendrist ac anniddig wrth feddwl am ddiwrnod heulog o'i flaen."

(tud. 36)

Plant Kate Roberts – *disgrifiad o Daniel a'i frawd yn cerdded i'w waith yn y chwarel cyn iddi hi ddyddio'n iawn.*

"Taflai'r llusern olau gwan i byllau'r fawnog a oedd megis un gwastadedd iddynt allan o olau'r llusern. Taflai olau hefyd ar eu clocsiau a godre eu trywsusau, nes gwneud i Daniel feddwl mai dyma'r unig ran ohono a oedd yn bod, ac mai rhywun arall oedd y rhan uchaf o'i gorff. Yr oedd yn deimlad rhyfedd."

(tud. 105)

llusern	*lantern*
pyllau'r fawnog	*pits in the peat bog*

Yr Ymwelydd Ioan Kidd – *Elgan yn disgrifio perthynas ei rieni.*

"Roedd yr act wedi'i hogi a'i mowldio ar hyd y blynyddoedd ac roedd Elgan yn llawn edmygedd. Y cyfathrebu heb gyfathrebu. Deugain mlynedd o gyd-fyw ac o droedio'u llwybrau cyffredin ar wahân."

(tud. 30)

gellir cyfeirio at *Siwan* wrth drafod perthynas y gŵr a'r wraig yn y stori hon

BETH? + SUT? = ARDDULL A THECHNEG

- Mae awdur stori fer yn ystyried pob gair a phob cymal o bob brawddeg yn bwysig

- Does dim lle i wastraff – mae pwrpas i bob gair ac i bob agwedd ar arddull

- Mae'r arddull yn debyg i arddull cerdd – byddi'n defnyddio llawer o'r un termau.

Mewn storïau mae'r awdur yn ysgrifennu ar ffurf NARATIF ac yn aml ar ffurf NARATIF a DEIALOG.

NARATIF

Mewn naratif mae awdur yn:

- disgrifio beth mae'r cymeriadau yn wneud

- disgrifio sut mae'r cymeriadau yn edrych

- disgrifio sut mae'r cymeriadau yn ymateb i bobl eraill ac i'w holl synhwyrau

- disgrifio pethau, lleoedd a sefyllfaoedd

1 Dyma enghraifft allan o'r stori fer **Plant** gan Kate Roberts:

"Ymunodd â'i dad a Rhys i fwyta'i frecwast o fara llefrith, a fwytaent oddi ar fwrdd wedi ei sgwrio'n wyn a heb liain. Cerddai'r fam o gwmpas yn brysur yn snyffio'r gannwyll, yn rhoi 'menyn ar fara ceirch a bara haidd iddynt ei fwyta ar ôl y brwas, yn codi'r bara llaeth o'r crochan i'w piseri chwarel. Bara tywyll oedd yn y bara llaeth hefyd, a safai'n lympiau digon anghynnes ar ei ben."

(tud. 104)

bara llefrith/llaeth	*bread and milk*
sgwrio	*to scrub*
bara ceirch	*oat cakes*
bara haidd	*barley bread*
crochan	*cauldron*
piseri chwarel	*quarry pitchers (type of flask/can)*
anghynnes	*unpleasant*

2 Dyma enghraifft arall allan o'r stori **Roeddwn Ar Fy Mhen Fy Hun** gan Gwawr Maelor:

"Cafodd pawb goblyn o ail wrth y bwrdd brecwast heddiw. Mi rown i rywbeth am gael gwybod beth oedd yn gwibio trwy feddyliau'r plant. Y fi, Norma Huws, o bawb yn cael cerdyn Dolig! Pwy fasa'n meddwl! Buan iawn y diflannodd y wên snichlyd 'na o wyneb Glenys, mi gath socsan go iawn pan welodd hi Mr Parri yn rhoi'r amlen i mi."

(tud. 7)

cael coblyn o ail	*to be shocked*
gwên snichlyd	*sneaky grin*
cael socsan	*to be shocked*

■ Edrycha di am enghreifftiau eraill allan o naratif ble rydyn ni'n cael llawer o wybodaeth!

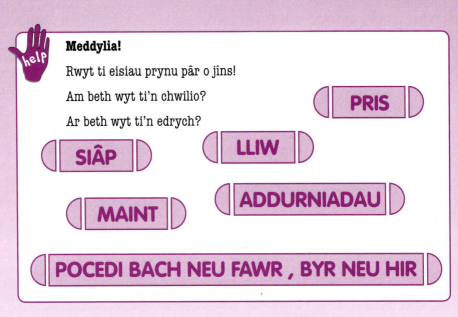

Meddylia!

Rwyt ti eisiau prynu pâr o jîns!

Am beth wyt ti'n chwilio?

Ar beth wyt ti'n edrych?

PRIS

SIÂP

LLIW

MAINT

ADDURNIADAU

POCEDI BACH NEU FAWR , BYR NEU HIR

Gwna'r un peth wrth edrych ar ddarn o naratif!
Dyma'r rhestr! Mae'n rhaid i ti edrych ar y pethau canlynol!

a   Amser / person berf – 1af / 3ydd person

b   hyd brawddegau

c   rhythm

ch   defnydd o gwestiynau / ebychiadau

d   ailadrodd geiriau / cymalau i bwrpas

dd   berfau gweithredol yn symud y darn ymlaen

e   berfau'n disgrifio yn yr amser gorffennol arferiadol, e.e. 'cerddai'

f   iaith ffurfiol / anffurfiol

ff   tafodiaith (lleoliad?)

g   ansoddeiriau effeithiol

ng   cyflythreniad

h   cytseinedd neu gyseinedd

i   cyffelybiaeth/delwedd/trosiad

l   defnydd o iaith arall neu ddyfyniadau

Dylet fod â'r rhestr yma yn dy feddwl pan rwyt ti'n dadansoddi darn o naratif.

Pan rwyt ti'n nodi rhai o'r technegau yma **dylet gefnogi dy farn** ac egluro pam mae'r dechneg yn addas ac yn effeithiol.

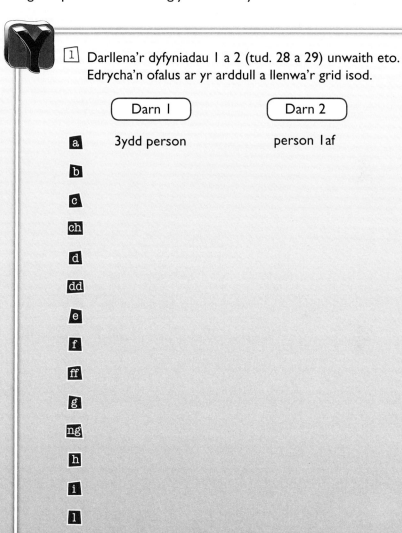

1. Darllena'r dyfyniadau 1 a 2 (tud. 28 a 29) unwaith eto. Edrycha'n ofalus ar yr arddull a llenwa'r grid isod.

	Darn 1	Darn 2
a	3ydd person	person 1af
b		
c		
ch		
d		
dd		
e		
f		
ff		
g		
ng		
h		
i		
l		

2. Defnyddia'r wybodaeth i ysgrifennu paragraff.

3. Pa effaith mae'r darn wedi ei gael arnat ti? Cofia ddweud pam.

Mewn deialog mae awdur yn:

a creu sgwrs rhwng cymeriadau – dau neu dri ar y mwyaf mewn stori fer.

b ysgrifennu yn anffurfiol neu mewn tafodiaith sy'n lleoli'r stori.

c trio efelychu pobl yn siarad yn naturiol.

ch gallu amrywio'r rhythm; yn aml mae ymatebion swta, byr yn cyflymu'r ddeialog ac yn aml yn creu tensiwn neu gyffro.

d gallu defnyddio "ti" neu "chi" sy'n dynodi sut berthynas sy' rhwng y cymeriadau sy'n siarad.

dd defnyddio iaith arall ambell waith.

e gallu defnyddio technegau llenyddol.

f gallu datgelu llawer am y cymeriadau.

* weithiau mae darn o naratif ynghanol deialog

tafodiaith	*dialect*
efelychu	*to imitate*
dynodi	*to denote*

Dyma enghraifft allan o'r stori **Ffair Gaeaf** gan Kate Roberts; yn y darn yma mae Meri yn cyfarfod â'i chariad Tomos yn y ffair ac yn ei weld yn cael hwyl gyda chriw o ferched:

"Hylo, Meri, sut y mae hi? Mi 'roedd ych trên chi'n fuan, oedd o ddim?"

"Dim cynt nag arfer."

"I ble cawn ni fynd?"

"Waeth gin i yn y byd i le."

"Ddowch chi am de rŵan?"

"Na, mi fydd yn well gen i ei gael o eto."

"Mi awn ni am dro i'r Cei ynta."

Yr oedd calon Meri Olwen fel darn o rew, a'i thafod wedi glynu yn nhaflod ei genau.

"Rydach chi'n ddistaw heddiw."

"Mae gofyn i rywun fod yn ddistaw, gin fod rhai yn medru gwneud cimint o dwrw."

"Pwy sy'n gwneud twrw 'rŵan?"

"Y chi a'r genod yna gynna."

(tud. 70)

1. Faint o bobl sy'n siarad?

2. Pa fath o iaith sy yn y ddeialog? Defnyddia enghreifftiau.

3. Sut faset ti'n disgrifio hyd y llinellau? Beth yw effaith hyn?

4. Sut mae'r ddau gymeriad yn cyfarch ei gilydd? Beth ydy arwyddocâd hyn?

5. Pa mor realistig ydy'r ddeialog? Pam mae hyn yn effeithiol?

6. Beth mae'r sgwrs yn ei ddatgelu am y cymeriadau a'r cyfnod?

7. Tua diwedd y darn mae brawddeg ddisgrifiadol o naratif. Beth am hyd y frawddeg? Beth yw effaith hyn?

33

Ydy'r disgrifiad o Meri yma'n cadarnhau dy feddyliau di wrth ddarllen y ddeialog? Eglura pam.

- ■ Gwna'n siwr dy fod yn deall beth rwyt ti'n chwilio amdano wrth ddadansoddi darn o ryddiaith.

- ■ Dysga'r rhestrau ar gyfer naratif a deialog.

- ■ Cofia fod y broses yn debyg iawn i'r ffordd y byddi'n dadansoddi cerdd.

- ● Mae'r darn ar ffurf...
- ● Ysgrifennwyd y darn ar ffurf...
- ● Yn y naratif / ddeialog mae... / ceir... / gwelir...
- ● Mae'r darn wedi cael ei ysgrifennu yn y person cyntaf yn amser gorffennol y ferf...
- ● Mae'r darn wedi cael ei ysgrifennu yn y trydydd person yn yr amser gorffennol...
- ● Mae'r awdur yn ysgrifennu mewn arddull ffurfiol / anffurfiol/ mewn tafodiaith ddeheuol / ogleddol..
- ● Ceir amrywiaeth yn hyd y llinellau... mae hyn yn sefydlu rhythm arafach /cyflymach. Mae'r brawddegau hir yn disgrifio... ac yn tueddu i arafu'r rhythm a chanolbwyntio ar ddisgrifio teimlad, cymeriad neu leoliad... Mae'r brawddegau byr yn cyflymu'r rhythm ac yn creu...
- ● Mae hyn yn effeithiol achos...
- ● Gwneir defnydd o'r amser gorffennol arferiadol yn y darn lle mae'r awdur yn disgrifio...
- ● Ailadroddir... ac mae hyn yn creu pwyslais / yn creu tensiwn/ ac yn cyflymu/ arafu'r rhythm...
- ● Mae'r gair/geiriau... yn awgrymu/ cyfleu
- ● Ceir awgrym o... yn y darn yma...
- ● Mae'n amlwg bod / ymddangos bod...
- ● Efallai bod / ei fod e / ei bod hi / eu bod nhw...
- ● Cadarnheir y syniad yma yn nes ymlaen...
- ● Gwneir defnydd effeithiol o gyffelybiaeth/drosiad effeithiol yn...
- ● Sylwer ar y gyfres o ferfau gweithredol yn symud y darn ymlaen yn uniongyrchol...

- Ar y dechrau …
- Ar y diwedd …
- Tua'r diwedd …
- Yn y paragraff cyntaf / olaf …
- Mae'r awdur yn pwysleisio …
- Rydw i'n casglu bod …

COFIO STORI

SUT WYT TI'N MYND I GOFIO STORI?

SUT WYT TI'N MYND I GOFIO TREFN Y STORI A'R MANYLION?

DYDY PAWB DDIM YN COFIO YN YR UN FFORDD

RHAID I TI WELD BETH SY'N GWEITHIO I TI

YR ATEB?

DARLLEN Y STORÏAU SAWL GWAITH

CRYNHOI AR FFURF BWLEDI

CREU MATH O WAITH CELF SY'N AROS YN Y COF AC YN DY ATGOFFA O DREFN A CHYNNWYS Y STORÏAU:

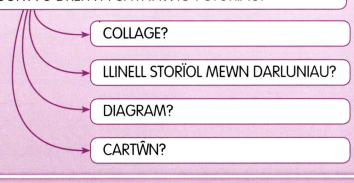

COLLAGE?

LLINELL STORÏOL MEWN DARLUNIAU?

DIAGRAM?

CARTŴN?

Llyfryddiaeth

Edwards, Jane, *Tyfu*, Gwasg Gomer, 1973

Jones, Geriant Wyn, *Y Stori Fer a'r Stori Fer Hir*, Gwasg Gomer, 1988

Kidd, Ioan, *O'r Cyrion*, Gwasg Gomer, 2006

Morgan, Mihangel, *Saith Pechod Marwol*, Y Lolfa, 1993

Roberts, Kate, *Ffair Gaeaf*, Gwasg Gee, 1937

Cyfres Ehangu Gorwelion, *Canllaw i Greu*, Canolfan Astudiaethau Addysg (CAA), 1990